AF337579

AUX ÉLECTEURS

De Saône-et-Loire.

Dans les grands périls, dans les grands dangers, l'homme s'élève, l'âme grandit, l'égoïsme se tait, la personnalité s'efface,

Chers concitoyens,

Nous allons être appelés bientôt à élire nos représentants à l'Assemblée législative. Cette assemblée aura nécessairement une influence décisive sur les destinées de la France et peut-être de toute l'Europe.

Il n'est pas une famille, il n'est pas un citoyen qui ne doive être affecté, en bien ou en mal, par la direction politique bonne ou mauvaise dans laquelle nous allons entrer par ces prochaines élections. Ne nous le dissimulons pas, cette troisième épreuve du suffrage universel renferme, pour notre pays et pour notre avenir industriel, commercial et politique, une véritable question de vie ou de mort.

1849

Dans les circonstances graves où nous nous trouvons, en présence des périls dont nous menace encore chaque jour cette faction aveugle ou coupable qui, depuis plus d'un an, nous abaisse à nos propres yeux, comme aux yeux de toutes les nations, et nous pousse à l'abîme, il ne doit plus y avoir que deux partis en France, celui de l'ordre et celui du désordre.

Le parti du désordre, nous le connaissons tous : il exista dans tous les temps. Il n'est pas dans l'histoire de l'humanité une seule époque où les mauvaises passions n'aient été représentées, en morale comme en politique, par un certain nombre d'hommes pervers.

Chaque génération, l'occasion donnée, produit son Catilina, son Robespierre ou son Babeuf ; et telle est la misère, telle est l'imperfection de notre organisation morale, que ces hommes ne paraissent jamais sur la scène du monde sans de nombreux adhérens.

Aujourd'hui, nous voyons à la tête du parti du désordre ces hommes ennemis de toute société, conspirateurs et factieux sous tous les régimes, démagogues ambitieux, prêchant la guerre du pauvre contre le riche, le mépris de toutes les lois, sacrifiant à leurs projets anarchiques toutes les bases de la société, la propriété, la famille, la morale et la religion.

Puis viennent les utopistes et les rêveurs, hommes sans expérience pratique qui, poussés ou par le vertige de quelques mauvaises passions, ou simplement par l'orgueilleux désir d'une vaine renommée, et sous l'influence d'une imagination déréglée, croient pouvoir modifier la nature et refaire le monde pour réaliser leurs extravagantes théories.

Enfin nous voyons s'adjoindre au parti du désordre un grand nombre d'hommes, la plupart de bonne foi, mais entraînés et aveuglés, les uns, par une crainte exagérée des réactions, ou par le besoin irréfléchi de continuer une opposition devenue l'habitude de toute leur vie ; les autres, par l'impatient désir de réaliser immédiatement de généreuses espérances et des progrès après lesquels nous aspirons tous, mais qui ne peuvent s'accomplir qu'avec le temps et en nous y préparant par une éducation plus répandue et des mœurs meilleures.

Loin de nous la pensée de confondre dans une égale réprobation tous ces hommes constituant aujourd'hui le parti du désordre.

Mais lorsqu'il s'agit de donner à la France des représentants appelés à consolider, par de sages lois, notre jeune République, et à régler, pour des siècles peut-être, nos destinées menacées et compromises, nous devons éloigner de l'urne électorale le nom de quiconque appartient, de près ou de loin, par conviction ou par aveuglement, au parti du désordre.

Il n'y a pour nous d'espoir de salut, croyez-le bien, mes chers concitoyens, il n'y a de retour possible à la prospérité qu'à la condition d'échapper à l'anarchie que voudrait nous imposer ce parti.

Les hommes qui le composent, même les plus modérés, même ceux que nous voulons bien croire de bonne foi, nous ont trop souvent prouvé ce qu'ils savaient faire, et ils nous ont conduits trop près de l'abîme, pour que nous puissions nous confier à aucun d'eux.

Le sommet de la Montagne, nous le savons par expérience, domine tout ce qui s'y rattache, et les faibles s'effacent devant les plus violents.

Le passé doit éclairer pour nous l'avenir.

Que voulait la France avant février ? elle voulait la réforme de quelques abus depuis longtemps signalés par de sages esprits.

Eh bien ! cette réforme obtenue, la Monarchie renversée, la République proclamée et acceptée sans résistance par toute la France, les véritables amis du progrès devaient être assurément satisfaits : leur succès, sans contredit, avait de beaucoup dépassé leurs prévisions et toutes leurs espérances.

La France, entrée ainsi presque sans violence dans une nouvelle ère, qu'elle croyait être toute de progrès et de bonheur, n'aurait dû subir que les commotions inséparables de toute révolution.

Mais, dans les rangs de cette opposition modérée que l'on s'attendait à voir sortir de la lutte, seule victorieuse et seule triomphante, s'étaient mêlés ces vétérans de conspirations, ces héros de sociétés secrètes, auteurs ou complices des attentats qui menacèrent vingt fois la vie de Louis-Philippe, et pour ceux-là la République n'était rien encore...... il leur fallait l'anarchie, sans laquelle ils ne pouvaient accomplir leurs criminels projets.

Aussi, voyez-les à l'œuvre :

Leur premier soin est d'outrager notre brave et loyale armée en l'éloignant de Paris.

Notre glorieux drapeau tricolore est aussi trop pur pour eux : ils veulent lui substituer et nous imposer le sanglant drapeau rouge.

Partout ils désorganisent le travail ; ils arrachent l'ouvrier à ses habitudes laborieuses et paisibles, pour le jeter dans les ateliers nationaux et les clubs.

Partout ils soufflent la discorde et poussent au désordre : écrits, prédications et circulaires incendiaires, intimidation et terreur, propagande anarchique prêchée par une nuée de commissaires et sous-commissaires dont ils couvrent, à grands frais, la France, rien ne leur coûte, et ils ne reculent devant aucun moyen pour agiter et démoraliser les populations ouvrières et industrielles.

Aussi bientôt, sous ces influences subversives, le travail, le commerce et tous les genres d'industrie s'arrêtent, toutes les sources de prospérité tarissent.

La ruine et la misère éclatent, de toutes parts, dans des proportions effrayantes.

Eh bien! cette misère générale, qui fait le désespoir de la France, devient pour les anarchistes un instrument de force. Ils l'exploitent avec joie, ils s'en font une arme contre leur patrie.

Les masses égarées par la faim et la douleur sont constituées par eux en état permanent d'émeute.

Pendant quatre mois, les attentats se succèdent et deviennent de plus en plus graves, de plus en plus audacieux.

Les manifestations menaçantes de mars et d'avril sont suivies de la journée du 15 mai.

Malgré toutes les manœuvres de corruption

et d'intimidation qui présidèrent aux élections d'avril, la majorité de notre assemblée constituante se montrait pure d'intention et énergiquement résolue à mettre un terme au désordre.

Eh bien! ces hommes, qui se disent les amis du peuple, s'insurgent contre ses représentants, et, sous le mensonger prétexte d'une généreuse manifestation en faveur de la Pologne, ils envahissent et tentent de renverser l'Assemblée constituante.

L'anarchie, cette fois, n'ose engager le combat : elle recule devant l'unanime et énergique élan de la garde nationale et de l'armée.

Mais bientôt et au jour fixé dans les ténébreux conciliabules de ses clubs, elle se montre en armes derrière ses barricades, et livre la grande bataille de juin.

La victoire reste à la civilisation. Que dis-je! ce n'est point une victoire... Ces affreuses journées, tout en assurant le triomphe de l'ordre, ne nous laissent que des souvenirs de deuil: elles nous coûtèrent trop de sang et de larmes!...

Vaincu dans cette horrible lutte, le parti de l'anarchie n'en reste pas moins menaçant: il sait trop qu'il peut toujours compter sur les mauvais instincts des hommes pervers et sur la faiblesse ou l'aveuglement de leurs adhérents.

Après la violence, il a recours au mensonge et aux plus ignobles moyens de séduction.

Nous ne vous ferons pas l'injure, électeurs, de vous prémunir contre ces infâmes libelles dont on inonde nos villes et nos campagnes.

Votre bon sens et votre patriotisme vous les ont déjà fait apprécier à leur juste valeur.

Les faits, l'expérience des misères qui pèsent encore sur vous parlent plus haut que les perfides discours et les trompeuses promesses que l'on vous prodigue dans les banquets et les clubs.

Eh quoi! les hommes de désordre ont épuisé, en peu de mois, le trésor public; de récentes révélations, parties de notre tribune nationale, nous ont appris qu'ils eurent la téméraire pensée de rétablir le cours forcé du papier-monnaie, ce qui équivalait à la banqueroute; ils vous ont fait payer l'impôt des 45 centimes, qu'ils auraient voulu, de leur aveu, porter à 1 fr. 50 c. et même à 2 fr.; ils n'ont pas craint de suspendre les paiements des caisses d'épargne; chaque jour et dans tous leurs odieux écrits, ils prêchent ouvertement la guerre civile, et appellent sur nous les dangers et les désastres d'une guerre universelle; et ils osent, dans de telles conditions et avec de tels projets, vous promettre la prospérité, la diminution, la suppression de vos impôts!!

Mensonge, mille fois mensonge!!

Non, jamais cette faction n'égarera le suffrage universel, qu'elle outrage par ses criminelles espérances.

Le voile sous lequel elle se cache est pour toujours déchiré, et le cynisme de ses doctrines la fera bientôt désavouer par un grand nombre d'hommes momentanément séduits, qui se retireront d'elle en confessant leurs regrets, heureux de pouvoir encore échapper aux remords.

L'influence des clubs, jointe à la pression de la misère, a pu égarer quelque temps les classes ouvrières et industrielles.... Mais le bon sens ne leur crie-t-il pas qu'elles n'ont rien à gagner et qu'elles ont, au contraire, tout à perdre aux révolutions et aux bouleversements que leur prêchent des brouillons, des intrigants ou d'ambitieux mécontents ?

Non, non, la France ne peut se suicider; Dieu n'a pas cessé de la protéger, et l'instinct des masses au besoin la sauvera.

Ne croyez pas, citoyens, que les hommes de désordre soient particulièrement hostiles à telle ou telle forme de gouvernement.

Ils sont ennemis, sachez-le bien, de tout gouvernement régulier, protecteur des grands

intérêts de la société ; et tous les prétextes
leur sont bons pour renverser les institutions
qui s'opposent à leurs projets de désorganisa-
tion générale.

Ainsi, sous la Monarchie, ils conspirent pour
la République; sous la République, ils conspirent pour le socialisme ou toutes autres doctrines subversives; et si jamais l'anarchie pou-
vait triompher, ils conspireraient contre eux-
mêmes.

Pour nous, hommes d'ordre, nous ne devons nous proposer qu'un seul but, l'intérêt,
le salut de la patrie.

Les gouvernements sont faits pour les peuples, et les peuples ne sont pas faits pour les
gouvernements.

Nous avons fait l'expérience de la royauté,
de l'empire et du gouvernement représentatif.

Le suffrage universel, la souveraineté du
peuple, la République enfin que nos souvenirs
de 93 nous firent longtemps considérer comme
impossible, sont devenus pour nous des droits
et des faits accomplis.

Acceptons donc franchement, loyalement et
sans arrière-pensée, la République, telle qu'elle
est organisée par notre nouvelle constitution.

Acceptons-la avec ses généreuses espérances
et toutes les conséquences constitutionnelles
auxquelles, peut - être, sont attachées pour

nous de meilleures et grandes destinées.

Acceptons-la, enfin, comme un terrain de conciliation, sur lequel nous devons nous rallier tous dans une commune pensée d'ordre et de paix.

Quelles qu'aient été autrefois nos sympathies, nos prédilections particulières pour telle ou telle forme de gouvernement, pour telle ou telle dynastie, montrons-nous, surtout et avant tout, patriotes sincères et Français.

En présence du fléau de l'anarchie qui nous menace, oublions nos divisions, nos dissidences politiques ; sacrifions à la patrie tous nos ressentiments, et ne formons plus qu'un seul faisseau, pour sauvegarder les grands intérêts de la civilisation et de notre belle France.

Si l'étranger menaçait nos frontières, nous n'hésiterions certainement pas à nous unir tous pour le repousser.

Eh bien ! l'anarchie est un ennemi plus redoutable et plus dangereux encore que l'étranger, car cet ennemi - là ne menace pas seulement notre patrie, il menace l'humanité tout entière.

Dans ces jours de tourmente et de suprêmes dangers, l'union n'est pas seulement un devoir, c'est une nécessité.

Lorsqu'un vaisseau est menacé du naufrage, on ne discute pas, on appelle bien vite au gouvernail le plus habile pilote pour lutter contre la tempête.

Hommes d'ordre de tous les partis et de toutes les opinions, légitimistes, napoléoniens, orléanistes, républicains de la veille et du lendemain, vous tous qui, de bonne foi et sincèrement, voulez le bien et le salut de votre patrie, ralliez-vous au drapeau de l'ordre, c'est-à-dire à la République modérée et serrez vos rangs.

Autrement, le torrent de l'anarchie, qui déjà coule à pleins bords, vous emportera, et il ne restera plus de vous, comme souvenir dans l'histoire de l'humanité, que d'immenses ruines et des pages de sang.

Marchons donc tous à l'élection comme un seul homme.

Mettons de côté toutes considérations personnelles d'amitié, d'alliance ou de parenté, et nos douze candidats une fois choisis et désignés, qu'aucun de nos suffrages ne leur manque.

En matière d'élection surtout, l'union fait la force.

Déjà l'élection du dix décembre nous a donné la mesure de nos chances de succès.

Par ces prochaines élections nous devons achever et consolider notre œuvre déjà si bien commencée.

Soyons unis, ne divisons pas nos suffrages, et la victoire nous est encore assurée.

Dans les grands périls, dans les grands dangers l'homme s'élève, l'âme grandit, l'égoïsme se tait, la personnalité s'efface.

Eh bien! cédons à ces généreux mouvements, et dans ces graves circonstances, acceptons et gardons, comme un grand et impérieux enseignement, l'expérience que nous avons faite des dangers attachés à nos dissentions politiques.

Promettons-nous de respecter toujours le pacte d'alliance et de réconciliation que nous allons sceller par ces prochaines élections.

Confondons ldans une seule fusion toutes les nuances qui nous divisèrent autrefois, et qu'il n'y ait plus désormais parmi nous que des hommes d'ordre.

Par ce moyen et par ce moyen seulement, citoyens, nous parviendrons à fermer l'abîme des révolutions.

Le spectacle de notre union et de notre vrai et sincère patriotisme fera bientôt, soyez-en surs, rentrer dans nos rangs les hommes seulement égarés que nous voyons, à regret, grossir le parti des anarchistes; et alors ce parti, réduit à ses seules forces, ne sera plus redoutable.

Que toutes les classes, pauvres et riches, ne soient plus animées, à l'avenir, que de sentiments de bienveillance mutuelle et de vraie fraternité.

Repoussons et flétrissons du fond de nos cœurs et de toutes nos âmes ces provocations infâmes à la guerre des pauvres contre les riches, et aussi ces sentiments d'indifférence et de dureté pour les pauvres, que la calomnie prête aux riches, et dont elle se fait une si puissante arme contre eux.

Ne sommes-nous pas tous égaux devant Dieu et enfants de la même patrie!!

La nature et notre triste condition humaine nous condamnent à l'inégalité d'aisance et de fortune; mais provoquons et appelons de tous nos vœux les mesures propres à améliorer le sort des classes pauvres et laborieuses.

Que les hautes intelligences, que tous les cœurs généreux travaillent incessamment à cette grande œuvre, et qu'ils ne s'arrêtent qu'aux limites du possible.

Le problème, quoique difficile, n'est point insoluble.

Nos nouveaux représentants auront à s'en occuper sérieusement : la Constitution et l'humanité leur en font un devoir sacré.

Mais, pour arriver à ces améliorations auxquelles nous aspirons tous, ranimons en nous la religion de la patrie, étouffons nos vanités, nos ambitions personnelles, et alors il nous sera facile de vaincre l'anarchie, cause certaine de tous nos dangers et de toutes nos misères.

Electeurs des villes et des campagnes, électeurs de toutes les conditions, vous allez décider de votre sort.

Vous n'avez à opter, sachez-le bien, qu'entre deux partis.

Avec l'un, tout s'écroule : travail, industrie, commerce, crédit, agriculture, beaux-arts, en un mot, tout ce qui constitue la gloire et la fortune du pays.

Avec l'autre, sécurité, ordre, liberté, grandeur au dehors, prospérité au dedans : rien ne manque à votre avenir.

Il n'y a pas à hésiter ; il y va de votre salut, il y va du salut de la France.

Qu'aucun de vous ne manque à la cause de l'ordre, et vous aurez accompli votre devoir d'électeurs.

H. DUCROT, licencié en droit.

Charolles, le 22 avril 1849.

Charolles, Imp. de H. Damelet.

9 782012 996090